Leselöwen

STÜTZE & VORBACH

DAS GEHEIMNISVOLLE DRACHENEI

ILLUSTRIERT VON LEONIE DAUB

Loewe

Ihre Meinung zählt!

Nehmen Sie jetzt an einer kurzen Elternbefragung
des Loewe Verlags teil und beeinflussen Sie
die zukünftige Entwicklung unserer Kinderbücher:

www.elternbefragung.online

Unser Kinderbuch-Newsletter bietet alle Infos zu Neuerscheinungen und tollen Veranstaltungen, exklusive Gewinnspiele und vieles mehr!

Jetzt kostenlos abonnieren: *www.loewe-verlag.de*

INHALT

LINUS, DER LETZTE DRACHE 6

DAS EI 14

ANS WERK! 22

GESCHLÜPFT 30

LINUS, DER LETZTE DRACHE

HOCH OBEN IN DEN BERGEN
LIEGT EINE HÖHLE.
DORT WOHNT EIN URALTER DRACHE.

ER HEISST LINUS UND IST
DER LETZTE DRACHE AUF ERDEN.
JEDEN MONTAG BESUCHT IHN
SEIN FREUND MAX.

„WEISST DU, MAX“,
SEUFZT LINUS.
„EIN DRACHENKIND.
DAS WÄRE TOLL!“

MAX NICKT.
DAS SAGT DER DRACHE
JEDEN MONTAG.

MAX UND LINUS SEHEN FERN.
GERADE KOMMEN DIE NACHRICHTEN:
„MELDUNG DES TAGES:
DRACHENEI GEFUNDEN!“

„WAS?“

LINUS HÄLT DIE LUFT AN.
UNGLAUBLICH! AUF EINER
FERNEN INSEL WURDE
EIN **DRACHENEI** GEFUNDEN.

LINUS WIRD VOR FREUDE
ROT-LILA-GRÜN UND BRÜLLT:
„WIR MÜSSEN LOS. SOFORT!“

MAX FRAGT: „BIST DU SICHER?“
LINUS NICKT. „DU WEISST DOCH:
NUR EIN DRACHE KANN
EIN DRACHENEI AUSBRÜTEN.“

DAS EI

DREI TAGE FLIEGT LINUS MIT MAX
ÜBER DIE BERGE UND DAS MEER.

ENDLICH HABEN SIE
DIE INSEL GEFUNDEN.

VERSTECKT IM DSCHUNGEL
LIEGT EIN **LABOR**.

DORT UNTERSUCHEN DIE FORSCHER
EIN DUNKELGRÜNES EI.

IN DER NACHT SCHNAPPT SICH LINUS DAS EI. SOFORT ERTÖNT EIN ALARM. LINUS UND MAX HEBEN SCHNELL AB.

ROTT-ROTT-ROTT!, DRÖHNT ES HINTER LINUS, MAX UND DEM EI. DAS SIND HUBSCHRAUBER. SIE WERDEN VERFOLGT!

LINUS FLIEGT WIEDER NACH HAUSE.
HIER IST ES WARM UND FEUCHT.

ER LEGT DAS EI INS NEST
UND BRUMMT: „NUR EIN DRACHE
KANN EIN DRACHENEI AUSBRÜTEN!“

ANS WERK!

NA, DANN MAL LOS:
ZUERST **SPUCKT** LINUS **FEUER**.
DAS EI GLÜHT.
MAX PUSTET ES WIEDER KALT.

DIE FORSCHER SUCHEN DAS EI.

ROTT-ROTT-ROTT!,

KOMMEN DIE HUBSCHRAUBER WIEDER.

SIE DÜRFEN ES NICHT FINDEN!

DANN GRÄBT LINUS
DAS EI IN DIE ERDE EIN.

RÖNN-RÖNN-RÖNN!, RATTERN NUN AUCH NOCH AUTOS HERAN. HOFFENTLICH ENTDECKEN SIE DAS DRACHENEI NICHT!

ALS DRITTES
BENÖTIGEN SIE
SALZWASSER. LINUS
TAUCHT DAS EI INS MEER.
DANN TUPFT MAX ES TROCKEN.

DIE FORSCHER SUCHEN SOGAR
MIT U-BOOTEN IM MEER.
HU, DIESMAL WAR ES KNAPP!

JETZT BRAUCHT DAS EI LUFT.
LINUS FLIEGT ZUM **REGENBOGEN**.
DORT IST DIE LUFT GLASKLAR.

AM HIMMEL BALLEN SICH WOLKEN.

EIN GEWITTER ZIEHT HERAUF.

GESCHLÜPFT

EIN BLITZ ZUCKT.
DAS EI KNACKT.
DONNER KNALLT.
DAS EI ZERSPRINGT.

„PIEP!“, RUFT ES AUS DEM EI.
„HALLO!“, SAGT LINUS.
MAX SCHMUNZELT. „TS-TS-TSSS,
HAT WOHL ANGST VOR DONNER.“

„DON-NER-SCHRECK“, SAGT LINUS.
„KLEINER DRACHE DONNERSCHRECK.“
MAX KICHERT NUR:
„HMM. GUCK LIEBER MAL GENAU!“

AUS DER SCHALE MACHT ES:
„GACK-GACK-GACK!"
„EIN **EMU**?", DRÖHNT LINUS.
DAS KÜKEN GUCKT LINUS GROSS AN.

ER SEUFZT: „WIEDER KEIN DRACHE!“
DAS KÜKEN KUSCHELT SICH AN IHN.
„GACK-PAPAMAMA-GACK!“,
KRÄCHZT ES.

„KLEINER EMU DONNERSCHRECK!“,
LACHEN LINUS UND MAX DA.
UND LINUS DRÜCKT DEM KÜKEN
EINEN KUSS AUF DIE FLÜGEL.

DIE FORSCHER
SCHÜTTELN DEN KOPF.
„NA, SO WAS!“
DANN ZIEHEN SIE AB.

LINUS STELLT DAS RADIO AN:
„SELTENES EI GEFUNDEN!“
MAX RUFT LACHEND:
„NEEEEIN! NICHT SCHON WIEDER!“

Fragen und Antworten

Was sagt Linus? Kreuze an.

- ☐ Niemand kann ein Drachenei ausbrüten.
- ☐ Jeder kann ein Drachenei ausbrüten.
- ☐ Nur ein Drache kann ein Drachenei ausbrüten.

Antwort: Nur ein Drache kann ein Drachenei ausbrüten.

Wie viele Tage fliegen Linus und Max bis zu der Insel mit dem Ei? Rechne aus und kreuze die richtige Antwort an.

- ☐ 1 + 2 =
- ☐ 1 + 3 =
- ☐ 1 + 4 =

Antwort: 1 + 2 = 3

Womit verfolgen die Forscher Linus und Max im Meer? Kreise ein.

Antwort: Mit dem U-Boot

Welches Tier schlüpft aus dem Ei? Kreise das richtige Wort ein.

D R A C H E H U H N E M U G A N S

Antwort: Emu

Wie nennt Linus das Küken? Kreuze an.

- ☐ Gewitterfurcht
- ☐ Blitzangst
- ☐ Donnerschreck

Antwort: Donnerschreck

Schon gewusst?

Drachenei (Seite 11):
Auf Hawaii gab es 2016 eine ähnliche Verwechslung wie in dieser Geschichte. Neben einem Vulkan wurde ein rundes Ding gefunden. Ein Drachenei war es bei näherem Hinsehen doch nicht. Es handelte sich um einen erstarrten Lava-Tropfen.

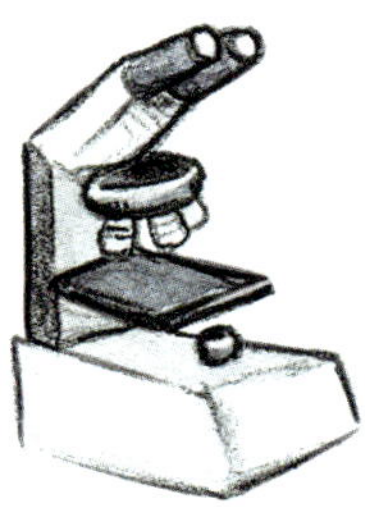

Labor (Seite 16):
Ein Labor ist der Arbeitsplatz eines Forschers. Das Wort kommt aus dem Lateinischen: „laborare" bedeutet „arbeiten". Im Labor gibt es viele Messgeräte und Werkzeuge, die die Forscher für ihre Untersuchungen benötigen.

Feuer spucken (Seite 22):

Im wahren Leben kann kein Tier Feuer spucken. Auch der Feuerspucker im Zirkus hat einen Trick: Er spuckt ein Pulver gegen seine Fackel, das gut brennt. So entsteht eine große Flamme.

Regenbogen (Seite 28):

Ein Regenbogen entsteht, wenn Regen oder andere Wassertropfen in der Luft sind und die Sonne hindurchscheint. Dann wird ihr Licht gebrochen, und du siehst die einzelnen Farben des Regenbogens: Rot, Orange, Gelb, Grün, Blau und Violett.

Emu (Seite 33):

Emus sind Vögel, die nicht fliegen können. Sie leben in Australien und werden fast zwei Meter groß. Sie gehören zu den Laufvögeln, genau wie der Strauß aus Afrika, der Kiwi aus Neuseeland und der Nandu aus Südamerika.

Blättere schnell um und trage die unterstrichenen Buchstaben in der richtigen Reihenfolge in die Kästchen ein!

Das Leselöwen-Lösungswort

Besuche den Leselöwen auf **www.leseloewen.de** und trage die unterstrichenen Buchstaben von den Seiten *Schon gewusst?* in der richtigen Reihenfolge in die magische Box ein.

Wenn du das Lösungswort gefunden hast, kommst du auf die geheime Seite mit vielen weiteren Spielen und Rätseln!

Der **Leselöwe** freut sich auf dich!

Jetzt online!

Annett Stütze, geboren in Leipzig, studierte Germanistik und Kunstgeschichte an der Humboldt-Universität zu Berlin. Heute lebt sie in Frankfurt am Main, schreibt und übersetzt voller Freude Kinderbücher und unterrichtet Deutsch als Fremdsprache.

Britta Vorbach, geboren in Tübingen, ist Grundschulpädagogin und arbeitete viele Jahre in verschiedenen Kinderbuchverlagen als Lektorin. Heute schreibt sie Kinderbücher und entwickelt Lernmaterialen. Sie lebt in Frankfurt am Main.

Leonie Daub studierte Kommunikationsdesign an der Staatlichen Akademie der Bildenden Künste in Stuttgart. Heute übt sie dort ihren Traumberuf als freie Illustratorin aus.

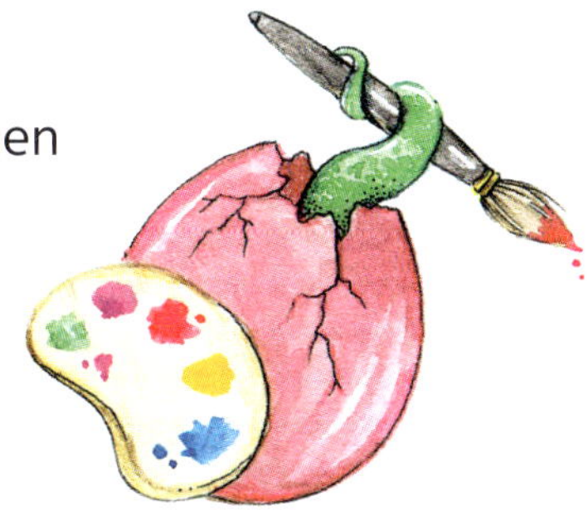

1. Klasse

Leselöwen

Erstes Selberlesen

Die Nr. 1 für den Lesestart

ISBN 978-3-7432-1734-8

ISBN 978-3-7432-1749-2

ISBN 978-3-7432-1633-4

ISBN 978-3-7432-1631-0

ISBN 978-3-7432-1632-7

ISBN 978-3-7432-1725-6

Loewe
Das will ich lesen!

Leselöwen LERNHILFEN

Erfolgreich durch die 1. Klasse

ISBN 978-3-7432-1580-1

ISBN 978-3-7432-1353-1

ISBN 978-3-7432-1354-8

Loewe
Das will ich lesen!